•Le avventure di Nicola•
Una visita alla nonna

•Adventures with Nicholas•
A Visit to Grandma

Illustrated by Chris Demarest

Berlitz Publishing
New York   Munich   Singapore

Contacting the Editors
Every effort has been made to provide accurate information in this publication, but changes are inevitable. The publisher cannot be responsible for any resulting loss, inconvenience or injury. We would appreciate it if readers would call our attention to any errors or outdated information by contacting Berlitz Publishing, 193 Morris Ave., Springfield, NJ 07081, USA. Fax: 1-908-206-1103, email: comments@berlitzbooks.com

First Printing: February 2006
Printed in China

Dear Parents,

The *Adventures with Nicholas* stories will create hours of fun and productive learning for you and your child. Children love sharing books with adults, and story-based learning is a natural way for your child to develop second language skills in an enjoyable and entertaining way.

I love you, Grandma

In 1878, Professor Maximilian Berlitz had a revolutionary idea about making language learning accessible and enjoyable. These same principles are still successfully at work today. Now, more than a century later, people all over the world recognize and appreciate his successful approach. Berlitz Kids combines the time-honored traditions of Professor Berlitz with current research to create superior products that truly help children learn and enjoy foreign languages.

Berlitz Kids materials let your child gain access to a second language in a positive and engaging way. The eight episodes in this book present foreign language words gradually, and help children build vocabulary naturally. The content and vocabulary have been carefully chosen by language experts to draw your child into the action. Within a short time, your child may be repeating parts of the story in the new language! What fun for you and your child!

Another bonus of the *Adventures with Nicholas* materials is that they are portable. You can use the materials at home, in the car, or even on a visit to grandma's house! Each of the books in the Nicholas series emphasizes slightly different vocabulary and concepts; taken together, the series encourages learning all the time.

On the audio program your child will hear the story with wonderful sound effects. Your child will also hear entertaining and memorable songs. The songs are not just fun. Language experts say that singing songs helps kids learn the sounds of a new language more easily. What's more, an audio dictionary helps your child learn the pronunciation of important words.

Follow your child's lead as you work through the wonderful stories and songs. And above all, enjoy yourselves.

Welcome!

The Editors at Berlitz Kids™

Nicola ricorda

Nicholas Remembers

Nicola sta pensando a sua nonna.

Nicholas is thinking about his grandma.

5

Quando Nicola aveva tre anni, la nonna gli ha regalato dei giocattoli divertenti.

When Nicholas was three years old, Grandma gave him funny toys.

"Grazie, nonna, ti voglio bene," le ha detto Nicola.

"Anch'io ti voglio bene," gli ha risposto la nonna.

"Thank you, Grandma. I love you," said Nicholas.
"I love you, too," said Grandma.

Quando Nicola aveva quattro anni, è
caduto. Sua nonna gli ha messo un cerotto
sul ginocchio e lo ha abbracciato. Nicola si
è sentito subito molto meglio.

When Nicholas was four years old, he fell down.
Grandma put a bandage on his knee. She hugged him.
And soon he felt much better.

Quando Nicola aveva cinque anni, la nonna cantava delle canzoni insieme a lui. Ridevano e si divertivano moltissimo.

When Nicholas was five years old, Grandma sang songs with him. They laughed and had a wonderful time.

Adesso Nicola è cresciuto. Oggi sta pensando a sua nonna. Domani è il suo compleanno e lui vuole farle un bellissimo regalo!

Now Nicholas is older and bigger. Today he is thinking about Grandma. Tomorrow is Grandma's birthday. He wants to give his grandma a wonderful present!

2 Che regalo?

What Present?

Nicola, suo fratello Giovanni e sua sorella
Maria sono seduti nel soggiorno. Parlano
tra di loro del regalo da comprare per il
compleanno della nonna.

*Nicholas, his brother John, and his sister Maria
sit in the living room. They talk about what to buy for
Grandma's birthday.*

"Compriamo dei fiori," dice Maria. "La nonna ama i fiori. Grandi e piccoli, alti e bassi, rosa, rossi e bianchi."

"Let's buy flowers," says Maria. "Grandma loves flowers. She loves big and small, tall and short, pink, red, and white flowers."

"Sì," dice Nicola, "ma la nonna ha già un grande giardino con tanti fiori."

"Yes," says Nicholas. "But Grandma already has a big garden. She already has so many flowers."

13

"Compriamo del profumo," dice Nicola, "il profumo ha un odore così buono."

"Sì," dice Maria, "ma la nonna ha già tanti profumi."

"Let's buy perfume," says Nicholas. "Perfume smells so good."

"Yes," says Maria. "But Grandma already has so much perfume."

"Compriamo una scatola di cioccolatini," dice Giovanni, "la cioccolata è così buona!"

"Sì," dice Nicola, "ma alla nonna non piace mangiare tanti dolci."

"Let's buy a box of chocolates," says John. "Chocolate tastes so good."

"Yes," says Nicholas. "But Grandma does not like to eat too many sweets."

Nicola si prende la testa tra le mani. È preoccupato perché non sa cosa comprare per la nonna.

Nicholas puts his head in his hands. He is worried. He does not know what to buy for Grandma.

3 Nel negozio

At the Store

Il giorno dopo i bambini vanno a fare compere con la mamma.

"Ci sono!" dice Nicola, "compriamo un cappello per la nonna. Le piacciono i cappelli."

"Che idea stupenda!" dice la mamma.

The next day the children go shopping with Mom.
"I know!" says Nicholas. "Let's buy a hat for Grandma. Grandma likes hats."
"What a good idea!" says Mom.

"Buon giorno," dice una signora.
"Buon giorno," dicono la mamma ed
i bambini.

"Good morning," says a woman.
"Good morning," say Mom and the children.

"Vogliamo comprare un cappello,"
dice Nicola.

"Per te?" chiede la signora.

Prende un cappello rosso e lo mette in
testa a Nicola.

"No, non per me," dice Nicola.

"We want to buy a hat," says Nicholas.
"For you?" asks the woman.
She puts a red hat on Nicholas.
"No, not for me," says Nicholas.

"Per te?" chiede la signora.
Prende un cappello verde e viola e lo
mette in testa a Maria.

"No, non per me," dice Maria.

"For you?" asks the woman.
She puts a green and purple hat on Maria.
"No, not for me," says Maria.

"Per te?" chiede la signora.
Prende un cappello giallo e lo mette
in testa a Giovanni.

"For you?" asks the woman.
She puts a yellow hat on John.

"No, non per me," dice Giovanni, "per
nostra nonna!"

"No, not for me," says John. "For our grandma!"

Guardano cappelli arancione, azzurri e neri, ma non riescono a trovare il cappello giusto per la nonna. Sono proprio tristi.

They look at orange hats, blue hats, and black hats. They do not see a good hat for Grandma. They feel sad.

"Ho un'idea," dice Nicola e poi la dice sottovoce al resto della famiglia. Tutti sorridono e dicono: "Sì!"

"I have an idea," says Nicholas.
He whispers to his family. Everyone smiles and says, "Yes!"

Nicola spera che alla nonna piaccia la sua idea.

Nicholas hopes Grandma likes his idea.

Le preparazioni

Getting Ready

È ora di prepararsi per la festa di compleanno della nonna. Tutti vogliono farsi belli—anche i gatti, Principessa e Micino.

It is time to get ready for Grandma's birthday party. Everyone wants to look good—even the cats, Princess and Kitten.

Mamma si spazzola i capelli.

Mom brushes her hair.

Papà si fa il nodo alla cravatta.

Dad ties his tie.

Giovanni si lava la faccia.

John washes his face.

Maria si stira il vestito rosso.

Maria irons her red dress.

Nicola si mette una camicia bianca con
dei pantaloni azzurri e delle scarpe marroni
nuove fiammanti.

Nicholas puts on a white shirt, blue pants, and
new brown shoes.

I bambini si mettono i regalini in tasca.
Adesso sono pronti per andare dalla nonna.

The children put little presents in their pockets.
And then they are ready for a visit to Grandma.

In viaggio

On the Road

Vanno all'automobile e prendono posto.
Il papà si siede davanti, al posto di guida.
La mamma si siede vicino al papà.

They walk to the car and get in. Dad sits in the front, behind the wheel. Mom sits next to Dad.

I bambini si siedono dietro. Nicola si siede alla destra di Giovanni e Maria alla sua sinistra.

The children sit in the back. Nicholas sits to the right of John. Maria sits to the left of John.

Micino si siede tra le gambe di Maria, mentre Principessa dorme in grembo a Giovanni.

Kitten sits under Maria's legs. Princess sleeps on John's lap.

Nell'automobile si sta stretti, ma poi la mamma comincia a cantare e gli altri si mettono a cantare in coro con lei.

The car is very crowded. Then Mom starts to sing, and everyone joins in.

Le canzoni sono buffe. Tutti ridono e
si divertono.

*The songs are funny. They all laugh and have a
good time.*

Anche Nicola canta, ma dopo un po' è di nuovo preoccupato.
"Spero solo che alla nonna piacciano i nostri regali," dice.

Nicholas sings, too. But then he feels worried again.
"I just hope Grandma likes our presents," he says.

6

A casa della nonna

At Grandma's House

Tutti gli ospiti sono arrivati a casa della nonna. La famiglia è grande e poi lei ha tanti, tanti amici. Sono venuti tutti alla sua festa di compleanno.

All the guests are at Grandma's house. She has a big family and many, many friends. All of them come to her birthday party.

C'è una grande torta con le candeline.
C'è anche il gelato.

There is a big cake with candles. There is ice cream.

Ci sono cappellini per tutti e tanta
bella musica.

*There are party hats for everyone. And there is
happy music.*

La nonna ha ricevuto molti regali. Ha
ricevuto colori e pennelli per dipingere.

*Grandma gets many presents. She gets paints
and brushes to paint pictures.*

Ha ricevuto una macchina fotografica per fare le fotografie quando va in paesi lontani. Ha anche ricevuto un quaderno in bianco dove può scrivere la storia della sua vita.

She gets a camera to take photographs when she goes to faraway places. She gets a blank book to write the story of her life.

"Grazie!" dice la nonna.
Poi Nicola, Maria e Giovanni si alzano
in piedi. Tutti li guardano.

"Thank you," says Grandma.
Then Nicholas, Maria, and John stand up.
Everyone looks at the children.

7

Altri regali

More Presents

"Anche noi abbiamo dei regali per te,"
dice Nicola.
La nonna sorride.

"We have presents for you, too," says Nicholas.
Grandma smiles.

Nicola va al pianoforte e si mette a suonare con energia una canzone allegra dal ritmo veloce.

Nicholas goes to the piano. He plays a happy song. He plays it fast and loud.

Maria balla tutto intorno alla stanza.
Ballano anche Principessa e Micino.

Maria dances around the room. Princess and Kitten dance, too.

Giovanni fa la verticale e canta una canzone . . . a testa in giù.

John stands on his head. He sings a song . . . upside-down.

Anche Principessa e Micino cercano di cantare.

Princess and Kitten try to sing, too.

Tutti battono le mani e dicono "Bravi!" — specialmente la nonna.

Everyone claps and cheers—especially Grandma.

Nicola dice: "Nonna, sono felice che lo spettacolo ti sia piaciuto. Ora abbiamo un'altra sorpresa per te."

Nicholas says, "I'm glad you like the show, Grandma. Now, we have one more surprise for you."

L'ultima sorpresa

The Last Surprise

Nicola, Maria e Giovanni tirano fuori i regali dalle tasche: sembrano dei cuoricini.

Nicholas, Maria, and John take the presents out of their pockets. The presents look like little hearts.

La nonna apre il regalo di Maria.
È una foto di Maria da piccola.

Grandma opens Maria's present. It is a photograph of Maria when she was a baby.

Nella foto la nonna e Maria giocano con un buffo giocattolo. Sotto la foto c'è scritto: "Ti voglio bene, nonna."

In the photo, Grandma and Maria are playing with a funny toy. Under the photo, it says "I love you, Grandma."

La nonna apre il regalo di Giovanni. È
una foto di Giovanni da piccolo. Nella foto
la nonna sta mettendo un cerotto sul braccio
di Giovanni. Sotto la foto c'è scritto: "Ti
voglio bene, nonna."

*Grandma opens John's present. It is a photograph
of John when he was a baby. In the photo, Grandma is
putting a bandage on John's arm. Under the photo, it
says "I love you, Grandma."*

La nonna apre il regalo di Nicola. Nella foto Nicola e la nonna stanno cantando, ridono e si divertono. Sotto la foto c'è scritto: "Ti voglio bene, nonna."

Grandma looks at Nicholas's present. In the photo, Nicholas and Grandma are singing. They are laughing and having a wonderful time. Under the photo, it says, "I love you, Grandma."

Ti voglio bene, nonna

La nonna sorride ed abbraccia i tre
nipoti. "Mi piacciono i colori ed i pennelli;
mi piace la macchina fotografica; mi piace il
quaderno e mi è piaciuto il vostro spettacolo,
ma più di tutto mi piacciono le foto . . .
perché ci siete voi."

Grandma smiles and hugs the three children.
"I like the paints and brushes. I like the camera. I
like the book. And I like your show. But most of all, I
like the photos . . . because they are photos of you."

Nicola, Maria e Giovanni sono molto contenti.

"Vi voglio molto bene," dice la nonna.

"Anche noi ti vogliamo molto bene," rispondono i nipoti.

Nicholas, Maria, and John are very happy.
"I love you all," says Grandma.
"We love you, too," say the children.

Poi Nicola inizia a contare: "Uno, due, tre . . ."
E tutti dicono, "Tanti auguri, nonna!"

Then Nicholas counts, "One, two, three . . . "
And everyone says, "Happy birthday, Grandma!"

Song Lyrics

Song to Accompany Story 1

La mia famiglia *(My Family)*
[Sung to the melody of a French folk tune]

Papà, mamma, fratello, sorella.
La mia famiglia, la mia famiglia.
Vi racconto cosa fanno
È un po' sciocco, ora vedrete.

Father, Mother, Brother, Sister,
That's my family. That's my family.
I tell you what they do
Is very silly, that is true!

Al lavoro il papà va
Col suo amico, il serpente.
Il serpente, fiocco di neve,
Fa il lavoro senza errori.

Father takes his pet snake
To the office, to the office.
That pet snake, named Snowflake,
Does Dad's work with no mistakes.

Ogni giorno mamma fa
Delle torte di verdura.
Che cattive, che cattive!
Per fortuna son finite!

Mother bakes stringbean cakes
Every morning, every morning.
I am mad 'cause they taste bad!
But when they're gone, I'm really glad!

Mia sorella a spasso va
Con la sua tartaruga.
Dove vanno non lo so,
Di sicuro vanno piano.

Sister likes to take hikes
With her turtle, with her turtle.
Where they go, I don't know,
But I'm sure that they walk slow.

Mio fratello è proprio buffo,
Mangia sempre con i piedi.
Per mangiare si deve sedere,
È proprio buffo, è proprio buffo.

Brother eats with his feet.
He looks funny; he looks funny.
When he eats any treats,
He must sit and take a seat.

[Repeat first verse.]

[Repeat first verse.]

Song to Accompany Story 2

Oh, che possiamo far? *(Oh, What Can We Do?)*
[Sung to the melody of a Spanish folk tune]

Oh, che possiamo far per la festa
   della nonna?
Oh, che possiamo darle per il
   suo compleanno?
Forse una rana che parla—
Le piace passeggiare.
Ecco che faremo per la sua festa.

Oh, what can we do for our
   grandmother's birthday?
Oh, what can we do for her
   special day?
We can get a frog that talks—
One that likes to go for walks.
That's what we can do for our
   grandma's day.

Oh, che possiamo far per la festa della nonna?	*Oh, what can we do for our grandmother's birthday?*
Oh, che possiamo darle per il suo compleanno?	*Oh, what can we do for her special day?*
Un cavallo che ride—	*We can get a horse that laughs—*
Ecco, guarda la sua foto. Ed . . .	*Here, look at his photographs. And . . .*
Oh, che possiamo far per la festa della nonna?	*Oh, what can we do for our grandmother's birthday?*
Oh, che possiamo darle per il suo compleanno?	*Oh, what can we do for her special day?*
Una mucca che salta—	*We can get a cow that skips—*
Con una bocca buffa. E poi . . .	*Maybe one with funny lips. And . . .*
Oh, che possiamo far per la festa della nonna?	*Oh, what can we do for our grandmother's birthday?*
Oh, che possiamo darle per il suo compleanno?	*Oh, what can we do for her special day?*
Forse un pesce sciatore,	*We can get a fish that skis—*
Uno che si chiama Luigia. E . . .	*I know one who's named Louise. And . . .*
Oh, che possiamo far per la festa della nonna?	*Oh, what can we do for our grandmother's birthday?*
Oh, che possiamo darle per il suo compleanno?	*Oh, what can we do for her special day?*
Forse un porcellino che Sa fare i vestiti. . . .	*We can get a pig that knows How to sew a suit of clothes. And . . .*
Ecco che faremo per la sua festa.	*We can do all this for our grandmother's day!*

Song to Accompany Story 3

Un mondo colorato così *(A Colorful World)*
[Sung to the melody of a German folk tune]

Ti immagini un cielo giallo—	*Can you imagine a bright yellow sky—*
Con nuvole rosse e blu	*With red clouds and blue clouds and*
Ed aerei verdi che volano in alto?	*Green airplanes flying by?*
Oh, che bello un mondo colorato così!	*Oh, what a colorful world this would be!*
Ti immagini un mare violetto—	*Can you imagine a violet sea—*
Con pesci rossi e pesci blu	*With red fish and blue fish and*
E tartarughe marroni che nuotano?	*Brown turtles swimming by?*
Oh, che bello un mondo colorato così!	*Oh, what a colorful world this would be!*
Ti immagini una strada tutta d'oro—	*Can you imagine a highway of gold—*
Con macchine rosse e macchine blu	*With red cars and blue cars and*
E autobus bianchi che sfrecciano via?	*White buses driving by?*
Oh, che bello un mondo colorato così!	*Oh, what a colorful world this would be!*

Ti immagini una spiaggia viola scuro—
Con conchiglie rosse e blu
E granchi arancione che ci arrancano su?
Oh, che bello un mondo colorato così!

[Repeat first verse.]

Can you imagine a dark purple beach—
With red shells and blue shells and
Orange crabs crawling by?
Oh, what a colorful world this would be!

[Repeat first verse.]

Song to Accompany Story 4

Beh, sei pronto? *(Are You Ready?)*
[Sung to the tune of "Twinkle, Twinkle, Little Star"]

Beh, sei pronto per partir?
Dei consigli ecco per te.
Riempi la vasca e prendi la papera.
Che fortunato, ti farai un bagno.
Salta dentro, non scotta, vero?
Fa una nuotata e tanti schizzi.

Are you ready for a trip?
Let me give you little tips.
First fill the tub. Add your toy duck.
A bath is fun, so you're in luck.
Jump right in—it's not too hot.
Swim around, and splash a lot.

E poi esci e scrollati.
Però attento, puoi scivolar.
Asciugati il pancino
E mangiati un panino.
Pettina bene i capelli,
Fallo due volte perchè siano belli.

Then get out and drip, drip, drip.
Just try not to slip, slip, slip.
Get a towel and dry your belly.
Take a break—try bread and jelly.
Comb your hair, so it looks nice.
It's a mess, so do it twice.

Che vestito metterai?
Fa' in fretta o ti raffredderai.
Presto! Son già le sei e venti.
Scegli una camicia bella pulita,
E non ti dimenticar le scarpe,
Come fai di solito.

Get your clothes. What can you wear?
Hurry up! You're very bare.
Get dressed fast—it's six twenty!
Choose a shirt. Take one that's clean.
Don't forget to find your shoes.
Those are things you often lose.

Beh, sei pronto? Mah, chissà.
Prendi anche un'aranciata.
Si fa tardi e devi andar lontano,
È meglio andare, salta in macchina.
Chiudi la portiera e guarda fuori,
Eccoci pronti per partir!

Are you ready? Stop and think.
Maybe you should pack a drink.
It's getting late—you're going far.
It's time to run—get in the car.
Close the door, and look outside,
Now we're ready for a ride!

Dammi una casa *(Give me a Home)*

[Sung to the tune of "Home on the Range"]

Oh, dammi una casa
Dove la mia zebra può vagar,
Una casa con un grande soggiorno.
Lei può stendersi un po',
Mentre le porto un dolce,
E poi io spazzo via le briciole.

[Chorus]

Casa, casa, dolce casa,
Per me e per la mia cara zebra.
Ci passiamo dei giorni meravigliosi,
Ed io sono felice di dir
Che ogni stanza è piena di felicità.

Oh, dammi una casa
Dove la mia zebra può vagar,
E là nella sua stanza russerà.
Lei dormirà sul letto,
Mentre le gratto il testone,
Ed io posso dormir anche
   sul pavimento.

[Repeat chorus.]

Oh, dammi una casa
Dove la mia zebra può vagar.
In cucina le cucinerò quello che vuole,
Preparerò insalata e dolce,
Per il bene della mia zebra,
Se promette di aiutarmi a lavare
   i piatti.

[Repeat chorus.]

Oh, give me a home
Where my zebra can roam,
A place with a big living room.
He can put up his feet,
While I bring him a treat,
And sweep up his crumbs with a broom.

[Chorus]

Home, home, sweet home,
For me and the zebra so dear.
We have wonderful days,
And I'm happy to say
That each room is a room full of cheer.

Oh, give me a home
Where my zebra can roam,
And there in the bedroom he'll snore.
He can sleep on the bed,
While I scratch his big head;
As for me,
   I can sleep on the floor.

[Repeat chorus.]

Oh, give me a home
Where my zebra can roam.
In the kitchen I'll cook what he wishes.
I'll make salad and cake,
For that dear zebra's sake,
If he says he will help with the dishes.

[Repeat chorus.]

Invitiamo tutti quanti *(Let's Invite Everyone)*

[Sung to the melody of an American folk tune]

Diamo una festa.
Così ci divertiamo.
Io chiedo a mamma.
Tu chiedi a papà.
Invitiamo tutti quanti!

We can have a party.
We can have some fun.
I'll ask Mother.
You ask Dad.
Let's invite everyone!

Chi viene alla nostra festa?	Who is coming to our party?
Chi vuole divertirsi?	Who wants to have some fun?
Invita il grande orso bruno	Call the big brown bear,
Con i riccioli bruni.	With the curly hair.
Invitiamo tutti quanti!	Let's invite everyone!
Chi viene alla nostra festa?	Who is coming to our party?
Chi vuole divertirsi?	Who wants to have some fun?
Invita la giraffona	Get the tall giraffe;
Che ci fa ridere tanto. . . .	She makes us laugh. . . .
Chi viene alla nostra festa?	Who is coming to our party?
Chi vuole divertirsi?	Who wants to have some fun?
Cerca la capra simpatica,	Find the funny goat,
Con il grande mantello. . . .	With the great, big coat. . . .
Chi viene alla nostra festa?	Who is coming to our party?
Chi vuole divertirsi?	Who wants to have some fun?
Chiedi un po' alla volpe ballerina,	Ask the dancing fox,
Che porta calzini alla moda. . . .	Who wears fancy socks. . . .
Ecco ora ci siamo tutti quanti!	I think that is everyone!

Song to Accompany Story 7

Una festa *(A Party)*

[Sung to the melody of an Italian folk tune]

Una festa, una festa!	A party! A party!
Diamo una festa.	We're having a party.
E mangiamo e cantiamo	We can eat and sing,
Ecco cosa porterò:	And this is what I will bring:
Polpette, spaghetti.	Meatballs, spaghetti,
Coriandoli rossi e blu,	Red and blue confetti,
Pesce fritto fresco	Fresh fried fish,
Con contorno di sottaceti.	With pickles in a dish.
Noccioline, pomodori,	Peanuts, tomatoes,
Patate piccole e rosse.	Small, red potatoes.
Dei prosciutti gustosi	Nice and juicy hams,
E tante patate dolci.	And hot and creamy yams.
Carote e barbabietole	Carrots and beets,
E tante carni piccanti,	Lots of spicy meats,
Popcorn e fagioli,	Popcorn and beans,
E un piatto di sardine!	And a platter of sardines!
Ostriche e vongole	Oysters and clams,
Con marmellate agrodolci,	With sweet and sour jams,
Pesche e prugne	And peaches and prunes,
E i migliori salatini.	And only the best macaroons.

Crackers e formaggio,	Crackers and cheese,
Budino e piselli.	Pudding with peas.
Pane bianco e nero	Breads, white and rye,
Con torta di zucca e panna.	With cream and pumpkin pie.

Una festa, una festa!	A party! A party!
Diamo una festa.	We're having a party.
E mangiamo e cantiamo	We can eat and sing,
Ecco cosa porterò.	And that's all I will bring.

Song to Accompany Story 8

Regali *(Presents)*

[Sung to the melody of a Mexican folk tune]

È il compleanno della nonna.	It's our grandma's birthday.
Moriamo dalla voglia	We really can't wait.
di vedere i regali.	To see all her presents.
Scommetto che son belli!	I bet they are great!
Gli amici e i parenti	Our friends and our family
Arrivano già	Are coming right in.
E quindi è il momento	So now it is time.
Di andare a cominciar.	Let the presents begin.

Oh, nonna, che bello!	Oh, Grandma, that's great!
È davvero carino.	It really looks fine.
È quel che volevi:	It's just what you wanted:
Un bel porcospino!	A blue porcupine!
Oh, nonna, che bello!	Oh, Grandma, that's good!
Il regalo mi piace:	The present is nice:
È una tua statua	A statue of you
Scolpita nel ghiaccio.	That is made out of ice.

Cos'è quel regalo	Now what is this present
Tanto vivace?	That looks very bright?
Un grassone canguro che sa volare—	A fat kangaroo that can fly—
È un aquilone!	It's a kite!
E cos'è quell'altro	And what is that one
Col grande fiocco giallo?	With the big yellow bow?
Un porcellino di plastica	A plastic toy pig
Con il naso che brilla.	With a nose that can glow.

I regali son belli,	The presents are nice.
Sono divertenti,	The presents are fun.
Il mucchio sta crescendo,	The pile is growing;
Peserà una tonnellata.	It must weigh a ton.
I regali son belli,	The presents are good.
I regali son carini.	The presents are fine.
Un regalo può essere	A present can be
Come un raggio di sole.	Like a little sunshine.

English/Italian Picture Dictionary

Here are some of the people, places, and things that appear in this book.

airplanes
aerei

brown
marrone

bear
orso

cake
torta

blue
blu

car
automobile

bow
fiocco

clouds
nuvole

coat
mantello

cow
mucca

Dad
papà

door
portiera

family
famiglia

feet
piedi

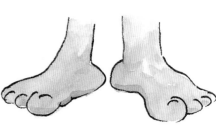

fish
pesce

flower
fiore

friends
amici

frog
rana

garden
giardino

hat
cappello

giraffe
giraffona

head
testa

Grandma
nonna

kitchen
cucina

hands
mani

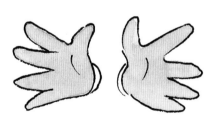

left
sinistra

happy
contento

living room
soggiorno

Mom
mamma

potatoes
patate

party
festa

presents
regali

piano
pianoforte

purple
viola

pig
porcellino

red
rosso

pocket
tasca

right
destra

sad
triste

tomatoes
pomodori

shoes
scarpe

toy
giocattolo

sky
cielo

turtle
tartaruga

socks
calzini

world
mondo

store
negozio

yellow
giallo

Word List

abbiamo	compleanno	gambe	micino	regalini	subito
abbraccia	comprare	gatti	moltissimo	regalo	sul
abbracciato	compriamo	gelato	molto	resto	suo
adesso	con	già	musica	ricevuto	suonare
al	contare	giallo	negozio	ricorda	tanta
allegra	contenti	giardino	nel	ridevano	tasca
alti	coro	ginocchio	neri	ridono	te
ama	cosa	giocano	Nicola	riescono	testa
amici	così	giocattolo	nipoti	rispondono	ti
anche	cravatta	giorno	nodo	risposto	tirano
andare	cresciuto	Giovanni	noi	ritmo	torta
apre	cuoricini	giù	non	rosa	tra
arancione	da	giusto	nonna	rosso	tre
arrivati	dal	gli	nostra	sa	tristi
automobile	davanti	grande	nuove	scarpe	trovare
avventure	del	grazie	odore	scatola	tutto
azzurri	destra	grembo	oggi	scritto	ultima
balla	detto	guardano	ora	scrivere	uno
ballano	di	guida	ospiti	seduti	va
bambini	dice	ha	paesi	sembrano	vanno
bassi	dicono	i	pantaloni	sentito	veloce
bella	dietro	idea	papà	si	venuti
bellissimo	dipingere	il	parlano	sì	verde
bianco	divertenti	in	pennelli	sia	verticale
braccio	divertivano	inizia	per	siede	vestito
bravi	divertono	insieme	perché	siedono	vi
buffo	dolci	intorno	piaccia	siete	viaggio
buona	domani	la	piacciano	signora	vicino
caduto	dopo	lava	piacciono	sinistra	viola
camicia	dorme	le	piace	soggiorno	visita
candeline	dove	lei	piaciuto	solo	vita
canta	due	li	pianoforte	sono	vogliamo
cantando	e	lo	piccolo	sorella	vogliono
cantare	è	lontani	più	sorpresa	voi
cantava	ed	loro	poi	sorride	vostro
canzone	energia	lui	posto	sorridono	vuole
cappellini	fa	ma	prende	sotto	
cappello	faccia	mamma	prendono	sottovoce	
casa	famiglia	mangiare	preoccupato	spazzola	alzano in
cercano	fare	mani	prepararsi	specialmente	piedi
cerotto	farle	Maria	preparazioni	spera	aveva tre anni
che	farsi	marroni	Principessa	spero	battono le
chiede	felice	me	profumo	spettacolo	mani
ci	festa	meglio	pronti	sta	buon giorno
cinque	fiammanti	mentre	proprio	stanno	di nuovo
cioccolata	fiori	messo	può	stanza	macchina
cioccolatini	foto	mette	quaderno	stira	fotografica
colori	fotografie	mettendo	quando	storia	pensando a
comincia	fratello	mettono	quattro	stretti	tanti auguri
compere	fuori	mi	regalato	stupenda	ti voglio bene